PARAMAHANSA YOGANANDA
(1893 – 1952)

SISÄINEN
RAUHA

MITEN OLLA TYYNESTI AKTIIVINEN
JA AKTIIVISESTI TYYNI

PARAMAHANSA
YOGANANDA

Self-Realization Fellowship
FOUNDED 1920
Paramahansa Yogananda

TIETOA KIRJASTA: *Sisäinen rauha – Miten olla tyynesti aktiivinen ja aktiivisesti tyyni* koostuu otteista, jotka on poimittu Paramahansa Yoganandan kirjoituksista, luennoista ja vapaamuotoisista puheista. Ne ovat alkuaan ilmestyneet hänen kirjoissaan, *Self-Realization*-lehdessä, jonka hän perusti 1925, kolmessa hänen puhe- ja esseeantologiassaan ja muissa Self-Realization Fellowshipin julkaisuissa.

Englanninkielinen alkuteos:
Inner Peace: How to Be Calmly Active and Actively Calm,
julkaissut *Self-Realization Fellowship*, Los Angeles, Kalifornia

ISBN-13: 978-0-87612-010-1
ISBN-10: 0-87612-010-9

Suomentanut Self-Realization Fellowship
Copyright © 2014 Self-Realization Fellowship

Self-Realization Fellowship -järjestön kansainvälisen julkaisuneuvoston hyväksymä

Self-Realization Fellowship -nimi ja yllä nähtävä tunnus esiintyvät kaikissa SRF-kirjoissa, äänitteissä ja muissa julkaisuissa varmistamassa, että ne ovat Paramahansa Yoganandan perustaman järjestön tuottamia ja seuraavat uskollisesti hänen opetuksiaan.

Ensimmäinen suomenkielinen *Self-Realization Fellowshipin* tuottama painos 2014
First edition in Finnish from Self-Realization Fellowship, 2014

Tämä painatus: 2014
This printing: 2014

ISBN-13: 978-0-87612-590-8
ISBN-10: 0-87612-590-9

1655-J3255

SISÄLLYS

Esipuhe

Kirjoittanut Sri Daya Mata (1914–2010), Self-Rea-
lization Fellowship[1] */Yogoda Satsanga Society of India*
-järjestön kolmas presidentti ja hengellinen johtaja

Rauha, seesteisyys ja sisäinen tasapaino ovat
pelkkiä sanoja, kunnes näemme niiden ilmenevän
tapaamassamme ihmisessä – tai tunnemme niiden il-
menevän itsessämme. Niiden yli kahdenkymmenen
vuoden aikana, jotka elin Paramahansa Yoganandan
läheisyydessä, minulla oli siunaus kokea päivittäin
hänestä huokuva sanoin kuvaamaton rauhan aura.
Se antoi hänelle ainutlaatuisen kyvyn saattaa kaikki,
jotka tulivat hänen luokseen, kosketuksiin jokaisen
omassa sielussa piilevän rauhan lähteen kanssa.

Aikakautemme teknologinen edistys on ollut häm-
mästyttävää, mutta usein edistysaskeleet näyttävät
parantavan ulkoisia olosuhteita lisääntyneen stressin
ja yksityiselämän monimutkaistumisen kustannuk-
sella. Kun ihmiset alkavat yhä useammin etsiä sisäistä
tasapainoa, kautta maailman ruvetaan ymmärtämään,

---

1 Kirjaimellisesti "Itse-oivalluksen yhteisö". Paramahansa Yogananda on selit-
tänyt, että Self-Realization Fellowship -nimi merkitsee yhteyttä Jumalan kanssa
Itse-oivalluksen avulla ja ystävyyttä kaikkien totuutta etsivien sielujen kanssa.

että ehkä tärkein "uusi" tiede onkin muinainen, eli jooga, jonka ajattomat metodit kehon, mielen ja sielun saattamiseksi tasapainoon ovat osoittautuneet todella tehokkaiksi keinoiksi sisäiseen rauhaan[2].

Paramahansa Yoganandan viisauden aarrearkusta on peräisin joogan kallisarvoisin "asento": "seistä järkähtämättä" – niin kuin hän itse usein asian muotoili – "keskellä sortuvien maailmojen rysähdystä". Tulla tukevasti ankkuroiduksi sisäiseen turvaan, "rauhaan, joka on kaikkea ymmärrystä ylempi" – on lupaus, jonka aito hengellisyys pystyy täyttämään ja johon tässä kirjasessa keskitytään.

Paramahansa Yogananda opetti, että sisäinen tyyneys ei vaadi arkaa vetäytymistä tarmokkaista ja aktiivisista pyrinnöistä. Itse asiassa hänen omat mittavat ja uraauurtavat saavutuksensa intialaisen meditaation opettamisessa länsimaalaisille vaativat äärimmäisen dynaamista ja luovaa persoonallisuutta. Hän ei useinkaan työskennellyt eristäytyneessä piilopaikassa vaan kuhisevissa kaupungeissa, kuten New Yorkissa, Chicagossa ja Los Angelesissa – maailman

---

2 Vaikka monet mieltävät joogan lähinnä erilaisiksi asennoiksi ja fyysisiksi harjoituksiksi (*hathajooga*), termi viittaa kuitenkin kattavaan järjestelmään meditaatiota ja tasapainoista henkistä elämää, jonka lopullisena päämääränä on saattaa yksittäinen sielu yhteyteen äärettömän Hengen kanssa.

meluisimmissa ja levottomimmissa paikoissa! Siitä
huolimatta hän oli aina riemukkaan keskittynyt sie-
lun sisäsyntyiseen järkähtämättömään tyyneyteen.

Eräs hänen seuraajiensa suosikkitarinoista ku-
vaa, kuinka Paramahansaji osoitti spontaanisti sisäi-
sen rauhan mahdin. (Onneksi tällaista osoitusta ei
tarvinnut toistaa.) Kolme aseistettua roistoa saartoi
hänet kadulla New York Cityssä. Hän vain katsoi
heitä ja sanoi: "Haluatteko rahaa? Ottakaa tästä."
Hän ojensi lompakkoaan, mutta omituista kyllä,
asemiehet eivät liikahtaneetkaan. He joutuivat ko-
konaan hänestä säteilevän hengellisen värähtelyn
lumoihin. Lopulta eräs heistä sopersi: "Anteeksi.
Emme voi tehdä tätä." Sitten he kääntyivät kannoil-
laan ja säntäsivät tiehensä.

Milloin vain hän liikkui julkisilla paikoilla, ihmi-
set pysähtyivät tuijottamaan häntä ja kysyivät meiltä:
"Kuka hän on? Kuka tuo mies on?" Hänestä säteili
aina äänetöntä mutta selkeästi tunnettavaa värähte-
lyä, joka veti ihmisiä puoleensa.

Olemme keränneet tähän kokoelmaan Parama-
hansajin monista kirjoista, esseistä, luennoista ja op-
pilailleen pitämistä puheista esimerkkejä viisaudesta,
jota voidaan soveltaa jokapäiväiseen elämään ja joka

suo tyyneyttä ja luottavaa varmuutta. Tässä käsikirjassa esitellään periaatteita ja käytännöllisiä neuvoja, joita hän antoi onnellisen sisäisen harmonian saavuttamiseksi: miten toimia luovasti ja aktiivisesti menettämättä mielenrauhaa. Kirjasessa annetaan myös ohjeita stressin poistoon ja rentoutumiseen sekä siihen, miten tunnistaa ja ylittää häiritsevät tunnetilat – viha, pelko, huolestuneisuus ja yliherkkyys – eli sisäisen seesteisyyden viholliset. Kaikkein tärkeintä on kuitenkin se, miten saada yhteys sielun syvyyksissä piilevään jumalallisen rauhan lähteeseen, sisäiseen Jumalan temppeliin.

Sielunrauha korjaa järkkyneen mielen, perheen rikkoutuneen sopusoinnun ja yhteisöjemme murtuvan kudoksen. Jos omaksut sielunrauhan elämäntavaksi, saat voimaa tasapainottaa ja parantaa olemassaolosi laatua, ja sinun rauhan värähtelysi koskettavat kaikkia tiellesi osuvia, niin että tällä syvällisellä tavalla edistät pysyvää rauhaa maailmanlaajuisessa perheessämme.

Los Angeles
Elokuu 1999

RAUHA

Paramahansa Yogananda

Rauha virtaa halki sydämeni ja puhaltaa lävitseni
kuin tuulenvire.

Rauha täyttää minut tuoksun tavoin.

Rauha hehkuu lävitseni säteinä.

Rauha iskee melun ja huolten sydämeen.

Rauha polttaa levottomuuteni olemattomiin.

Rauha laajentuu tulipallon lailla ja täyttää kaikkial-
lisen läsnäoloni.

Rauha vyöryy kuin valtameri kautta avaruuden.

Rauha elävöittää punaisena verenä ajatusteni suonet.

Rauha ympäröi kuin rajaton aura äärettömän
kehoni.

Rauhan liekit roihuavat läpi lihani huokosten ja
kautta kaiken tilan.

Rauhan parfyymi leijailee kukkatarhojen yllä.

Rauhan viini solisee taukoamatta kaikkien sydän-
ten rypälepuristimen läpi.

Rauha on kivien, tähtien ja viisaiden hengitystä.

Rauha on Hengen jumalallista viiniä, hiljaisuuden
tynnyristä virtaavaa,

sitä siemailen atomien lukemattomilla suillani.

I

"Mistä löydän rauhan?"

Rauha säteilee sielusta ja se on pyhä, sisäinen ympäristö, josta avautuu todellinen onni.

———

Meditaation avulla voi kokea vakaan ja hiljaisen sisäisen rauhan. Siitä saattaa muodostua pysyvästi rauhoittava tausta sekä hankalille että miellyttäville toimille, joita velvollisuuksien täyttäminen vaatii. Kestävä onni piilee siinä, että onnistuu säilyttämään tämän mielentilan.

———

Sinun tulisi tehdä aivan kaikki sisäisen rauhan vallassa. Rauha on parasta lääkettä kehollesi, mielellesi ja sielullesi. Se on ihastuttavin tapa elää.

Stressiin on olemassa parannuskeino...

Tyyneys on ihanteellinen mielentila, jonka vallitessa kaikki kokemukset tulisi ottaa vastaan. Hermostuneisuus on tyyneyden vastakohta, ja hermostuneisuuden hallitseva asema tekee siitä lähes maailmanlaajuisen epidemian.

Paras keino hoitaa hermostuneisuutta on vaalia tyyneyttä. Luontaisesti tyynet eivät menetä järkeilykykyään, oikeudentajuaan tai huumorintajuaan missään tilanteessa.

Tasapainoisuus on kaunis ominaisuus. Meidän pitäisi noudattaa elämässämme eräänlaista kolmiomallia, jossa tyyneys ja rakastettavuus ovat kolmion kaksi sivua ja pohjana on onnellisuus. – – Toimiipa ihminen nopeasti tai hitaasti, yksinäisyydessä tai kuhisevissa väkijoukoissa, hänen tulisi olla sisäisesti rauhallinen ja tasapainossa. Kristus on esimerkki tästä ihanteesta. Hän ilmensi kaikkialla rauhaa. Hän läpäisi kaikki kuviteltavissa olevat vaikeudet menettämättä kertaakaan sisäistä tasapainoaan.

Elä sielusi jumalallisessa tietoisuudessa...

Olemme ikuisia ja muuttumattomia sieluja, jotka on tehty Jumalan kuolemattoman autuuden kuviksi. Elämämme pitäisi kuvastaa jatkuvasti tuota alati uudistuvaa riemua. En milloinkaan anna kenenkään riistää sisäistä onnellisuuttani, ja myös teidän tulisi oppia elämään pelottomassa sielussanne, jolloin voitte hymyillä mille tahansa kohtaamillenne vaikeuksille.

—————

Sinun Itsesi eli sielusi todellisessa olotilassa vallitsevat autuus, viisaus, rakkaus ja rauha. Siinä tilassa olet niin onnellinen, että teetpä mitä hyvänsä, nautit siitä. Eikö se olekin paljon parempi vaihtoehto kuin kompastella halki maailman levottoman demonin lailla, joka ei saa tyydytystä mistään?

Tyyneys on kuolemattomuuden hengitystä...

Syvästi meditoivat tuntevat ihmeellisen sisäisen hiljaisuuden.

Tyyneys on eräs sisäisen kuolemattomuutesi ominaisuuksia. – – Kun huolestut, staattinen kohina häiritsee mielesi radiota. Jumalan laulu on tyyneyden laulu. Hermostuneisuus on häiriökohinaa; tyyneys on Jumalan ääni, joka puhuttelee sinua sielusi radion välityksellä.

Hermostuneisuus on muutoksen ja kuoleman airut: kun olet tyyni, edes kuolema ei voi sinua pelottaa, sillä tiedät olevasi jumala.

Tyyneys on Jumalan kuolemattomuuden elävää hengitystä sinussa.

Mitä rauhallisemmaksi itsesi tunnet meditoidessasi, sitä lähempänä olet Jumalaa. Hän tulee aina vain lähemmäs sinua, mitä syvemmälle meditaatioon vaivut. Meditaation rauha on Jumalan kieltä ja syleilevää lohtua.

Opi elämään siinä ikuisessa onnessa ja rauhassa, joka on Jumala.

Tarkastele elämääsi rehellisesti...

Kun tarkastelee tämän maailman valtaisaa panoraamaa, väkijoukkoja, jotka ryntäilevät suin päin halki elonkiertonsa, ei voi kuin ihmetellä, mistä tässä kaikessa on kyse. Minne me olemme matkalla? Mikä on motiivimme? Mikä on paras ja varmin tapa saavuttaa päämäärämme?

Suurin osa meistä säntäilee holtittomasti ja vailla suunnitelmaa ikään kuin hallinnasta riistäytynyt auto. Kun porhallamme päättömästi elon polkua, emme oivalla matkamme tarkoitusta; siksi emme useinkaan huomaa päätyvämme harhapoluille, jotka eivät johda minnekään, mutta emme huomaa sitäkään, vaikka jo olisimme oikealla tiellä, joka johtaa suoraan tavoitteeseemme. Miten voimme päästä tavoitteeseemme, ellemme koskaan ajattele sitä?

Oletko sallinut sellaisten voimien vääristää elämääsi, jotka vaikuttavat vahvemmilta kuin omasi? Onko elämäsi omissa käsissäsi? Älä vajoa ja juutu keskinkertaisuuteen. Nouse massojen yläpuolelle. Jätä tavanomaisuuden tukehduttava yksitoikkoisuus ja astu sisään hienompaan ja värikkäämpään saavutusten ja alati uudistuvan sisäisen rauhan elämään.

Kysy itseltäsi, mikä on elämäsi tarkoitus. Sinut on luotu Jumalan kuvaksi: se olet sinä Itse, todellinen olemuksesi. Äärimmäinen menestys merkitsee sitä, että oivallat Jumalan kuvan sisälläsi – se on ääretöntä iloa, jokaisen toiveen täyttymys, voitto kaikista ruumiin vaivoista ja maailman melskeistä.

Arkielämän kamppailun voittaminen...

Hiekkakasa ei kestä meren aaltojen murentavaa vaikutusta; yksilö, jolta puuttuu rikkumaton sisäinen rauha, ei voi pysyä levollisena henkisten järkytysten keskellä. Mutta samoin kuin timantti pysyy muuttumattomana riippumatta siitä, kuinka monta aaltoa sitä hioo, rauhan kristallisoima yksilö pysyy säteilevän levollisena riippumatta ympärillä riehuvista koettelemuksista. Pelastakaamme siis meditaation avulla sielutietoisuuden timantti elämän vellovista vuorovesistä, sillä tuo timantti kimaltelee Hengen iankaikkista riemua.

───◆───

Sotataitoon vaaditaan tietty koulutus, joten miksipä ei sitten kamppailuun aktiivisen elämän pyörteissä. Kouluttamattomat soturit sortuvat pian taistelutantereelle; samalla tavalla huolten luodit kaatavat nopeasti ne, joita ei ole koulutettu säilyttämään sisäistä rauhaansa arkielämän myllerryksissä.

───◆───

Korkeimman voiton salaisuus piilee siinä, että onnistut säilyttämään sisäisen rauhasi. Olipa asemasi tai elämäntilanteesi mikä tahansa, älä koskaan koe olevasi oikeutettu menettämään malttiasi. Kun mielenrauhasi on mennyttä, etkä pysty ajattelemaan selkeästi, olet hävinnyt taistelun. Mikäli pysyt aina sisäisesti rauhallisena, tulet olemaan voittoisa, seurasipa ongelmistasi sitten mitä hyvänsä. Sillä tavoin valloitat elämän.

Tee elämästäsi nautinnollinen sielun kokemus…

Sinun pitää harjoittaa järkähtämätöntä tyyneyttä koko ajan. Sinusta pitää tulla oman mielentyyneytesi valtakunnan kuningas, absoluuttinen yksinvaltias. – – Älä anna minkään häiritä rauhanomaisen valtakuntasi levollisuutta. Kanna mukanasi päivin ja öin iloa "Jumalan rauhasta, joka on kaikkea ymmärrystä ylempi".

———

Kun mielentyyneyttä pidetään yllä meditoimalla syvästi ja säännöllisesti, se poistaa arkielämän tylsistymisen, pettymykset ja murheet ja elämästä tulee hyvin mielenkiintoinen ja nautinnollinen sielun kokemus.

Sisäinen ja ulkoinen ympäristösi...

Tämä maailma ei ole sama kaikille ihmisille. Jokainen elää omassa pienessä valtakunnassaan. – – Yhden ihmisen valtakunnassa saattaa vallita rauha ja harmonia, toisella eripura ja sota. Mutta olivatpa yksilön ympäristön olosuhteet minkälaiset hyvänsä, ne käsittävät aina sekä sisäisen että ulkoisen maailman. Ulkomaailma on se, jonka puitteissa toiminta ja vuorovaikutus tapahtuvat. Sisäinen maailmasi ratkaisee, oletko onnellinen vai onneton.

Elo tässä maailmassa vailla mielenrauhaa on kuin elämää eräänlaisessa haadeksessa. Mutta jumalallisuuden oivaltaneelle maapallo on autuas majapaikka.

Vain ne, joiden sielussa vallitsee harmonia, tuntevat harmonian, joka läpäisee luonnon. Ne, jotka eivät tunne sisäistä sopusointua, tuntevat sen puuttumisen myös maailmasta. Kaaoksen valtaama mieli näkee kaaosta kaikkialla. – – Sisäisesti rauhalliset voivat kuitenkin säilyttää mielentilansa ulkoisen kaaoksen keskelläkin.

Vaienna ulospäin suuntautunut henkinen levottomuus ja käännä ajatuksesi sisäänpäin. Harmonisoi ajatuksesi ja mielihalusi niiden sielussasi jo valmiiksi sijaitsevien voimavarojen kanssa, joilla on kaikki valta täyttää toiveesi. Silloin huomaat elämäsi ja koko luonnon pohjavirtauksena kulkevan sopusoinnun. Mikäli sovitat toiveesi ja odotuksesi yhteen sisäsyntyisen harmonian kanssa, leijailet elämän halki rauhan kepein siivin. Joogan kauneus ja syvällisyys piilee sen kyvyssä lahjoittaa tämä horjumaton tyyneys.

Älä odota huomiseen...

Maailma palvoo valloittajia, kuten Aleksanteri Suurta ja Napoleonia, mutta ajatelkaapa heidän mielentilaansa! Pohtikaa sen jälkeen Kristuksen rauhaa. Sitä ei voitu riistää häneltä. Suunnittelemme aina etsivämme tuota rauhaa "huomenna". Tällä tavalla järkeilevät eivät tule sitä ikinä löytämään. *Etsikää sitä nyt.*

Suurin osa ihmisistä on kuin perhosia, jotka liihottelevat ympäriinsä vailla päämäärää. He eivät milloinkaan vaikuta pääsevän minnekään – tai sitten he eivät koskaan pysähdy kuin hetkeksi, kunnes jokin uusi mielenkiinnon kohde vie heidän huomionsa. Mehiläinen ahkeroi ja valmistautuu koviin aikoihin. Perhonen sen sijaan elää vain tätä päivää varten. Talven tullen perhonen on mennyttä, kun taas mehiläisellä on ruokaa varastossa. Meidän pitää oppia keräämään ja säilömään Jumalan rauhaa ja voimaa.

Keskitä huomiosi sisäänpäin. Tunnet uuden voiman, uuden vahvuuden, uuden rauhan – kehossasi, mielessäsi ja hengessäsi.

———

Sinulla on etuoikeus ja mahdollisuus valmistaa oma taivaasi tässä ja nyt; kaikki keinot ovat jo hallussasi.

———

Tieteellisen joogameditaation avulla voit perustaa rauhan palatsisi iäisyyden kallioperälle, Jumalan tuhoutumattomalle sisäiselle rauhalle.

———

Kun löydät ylimaallisen ja pysyvän onnellisuuden valtakunnan sisältäsi, taivas hallitsee hiljaisuuden mailla, kaupunkien melussa ja vilinässä – ja kaikkialla, missä oletkin.

———

Kun jokaisessa liikkeessäsi ja ajatuksessasi asustaa rauha, kun tahdonvoimasi ja rakkautesi ovat rauhantäyteisiä, ja kun pyrkimyksesi ovat rauhan ja Jumalan siivittämiä, olet liittänyt elämäsi Jumalaan.

II

Meditaatio:
"aktiivisen tyyneyden" tiede

Rauhaa ei voi ostaa; sitä pitää oppia valmistamaan sisäisesti päivittäin harjoittamasi meditaation tyyneydessä.

⬩—◆—⬩

Ilmiöiden maailmassa kaikki tuo esille toimintaa ja muutosta, mutta Jumalan olemus on levollinen. Ihmisen sielu on luonnostaan samalla tavalla tyyni. Jos ihminen pystyy tietoisuudessaan tasoittamaan ja vaientamaan mielenliikutusten kolme tilaa – ilonpuuskat ja surun syöverit sekä välinpitämättömyyden alhon niiden välillä – hän huomaa sisällään piilevän hengellisen sieluntyyneyden rauhallisen valtameren, joka laajenee rannattomaksi rauhallisuuden mereksi Hengessä.

Meditoiminen merkitsee aktiivista tyyneyttä...

Meditaatio on "aktiivista tyyneyttä". Passiivinen tyyneys, kuten nukkuminen tai joutilas päiväunelmointi, poikkeaa oleellisesti aktiivisesta tyyneydestä – jälkimmäinen on positiivinen rauhan tila, joka saavutetaan tieteellisellä meditaatiolla.

Saat joka yö nukkuessasi esimakua rauhasta ja ilosta. Syvässä unessa Jumala saattaa sinut levolliseen ylitietoisuuden tilaan, jossa kaikki olemassaolon pelot ja huolet unohtuvat. Meditoimalla voit kokea tuon pyhän mielentilan hereilläkin, ja voit uppoutua alituisesti parantavaan rauhaan.

Vaikka saattaisit pystyä maailmallisesti katsoen suuriin tekoihin, et milloinkaan tule kokemaan sellaista iloa, joka syntyy meditoimalla, kun ajatukset vaimenevat ja mieli virittyy Jumalan rauhaan. – –

Meditaatio avaa selkosen selälleen kaikki ruumiin, mielen ja sielun suljetut ovet ja päästää sisään Jumalan voiman. Koko kehosi ja olemuksesi muuttuu, kun harjoitat säännöllisesti meditaatiota. Yhteys Jumalaan tuo elämääsi sisäisen harmonian, kun sulaudut Hänen rauhaansa. Sinun pitää kuitenkin meditoida tosissasi, johdonmukaisesti ja jatkuvasti oivaltaaksesi täysin Korkeimman Voiman palkitsevat vaikutukset.

———

Tavallinen ihminen on jatkuvasti levoton. Kun hän ryhtyy harjoittamaan meditaatiota, hän on ajoittain tyyni, suurimman osan aikaa levoton. Meditoinnin syvetessä hän on puolet ajasta tyyni ja toisen puolen levoton. Pitemmällä aikavälillä ja uskollisesti harjoittelemalla hän on enimmän osan aikaa tyyni ja vain silloin tällöin levoton. Sinnikkyydellä hän saavuttaa tilan, jossa hän on aina tyyni eikä milloinkaan levoton. Missä liike lakkaa, siinä Jumala alkaa. [1]

1 "Rauhoittukaa ja tietäkää, että minä olen Jumala" (Ps. 46:11. Jakeen suomennos vastaa Paramahansa Yoganandan käyttämää King James -raamatunkäännöstä, joka poikkeaa tässä suomalaisesta kirkkoraamatusta. *Suomentajan huomautus*)

Tyyneyden psykologia...

Jos asettaa vesiastian kuunvaloon ja hämmentää vettä, saa aikaan vääristyneen kuvan kuusta. Kun aallot tyyntyvät, kuva selkiytyy. Tilaa, jossa astian vesi on tyyni ja heijastaa kuun kuvan selkeästi, voidaan verrata meditoinnin tuomaan mielenrauhaan sekä yhä syvenevään tyyneyteen. Meditaation rauhassa kaikki aistimusten ja ajatusten aallot katoavat mielestä. Tyyneyden syvemmässä tilassa, kun kuun kuva heijastuu rikkumattomasta vedenpinnasta, voi oivaltaa Jumalan läsnäolon.

Kun meditatiivinen rauha syvenee tyyneydeksi ja äärimmäiseksi autuuden tilaksi, meditoija kokee aina tuoreen ja kaikki toiveet tyydyttävän ilon.

———

Aidon ja päättymättömän ilon salaisuus piilee siinä, että meditaation avulla tajunta virittyy sen todelliseen ja ikuisesti seesteiseen sielun tilaan. Näin estetään mieltä harhailemasta ilon ja surun aallonharjoille ja -pohjille tai vajoamasta välinpitämättömyyden syövereihin.

———

Sukella sisäiseen hiljaisuuteen kerta toisensa jälkeen harjoittamalla keskittymisen ja meditaation metodeja, jotka olen sinulle antanut – näin löydät syvän rauhan ja onnen.

⸻

Ensimmäinen todiste Jumalan läsnäolosta on sanomaton rauha. Tämä kehittyy iloksi, jota ihmismieli ei pysty käsittämään. Kun kerran olet koskettanut totuuden ja elämän Lähdettä, koko luonto vastaa sinulle. Kun löydät Jumalan sisältäsi, löydät Hänet myös kaikkialta ulkopuoleltasi, kaikista ihmisistä ja kaikissa olosuhteissa.

Meditaatio on tieteistä käytännöllisin...

Meditaatio on Jumalan oivaltamisen tiede. Se on maailman käytännöllisin tiede.[1] Suurin osa ihmisistä haluaisi meditoida, mikäli he ymmärtäisivät sen arvon ja kokisivat sen hyvät vaikutukset. Meditaation perimmäinen tavoite on saavuttaa tietoinen oivallus Jumalasta ja sielun ikuisesta ykseydestä Hänen kanssaan. Mikä saavutus voisi olla merkityksellisempi ja käyttökelpoisempi kuin ihmisen rajallisten kykyjen valjastaminen Luojan kaikkiallisuuteen ja kaikkivoipaisuuteen? Jumalan oivaltaminen suo meditoijalle Herran rauhan, rakkauden, ilon, voiman ja viisauden siunaukset.

Meditaatio hyödyntää keskittymistä korkeimmassa muodossaan. Keskittyminen merkitsee sitä, että huomiokyky ei enää kärsi häiriöistä, jolloin se voidaan kohdentaa täydellisesti mihin tahansa

1 Paramahansa Yoganandan opettaman meditaation perustiedot esitellään alkaen sivulta 26. Vaihe vaiheelta etenevät joogatieteen keskittymistä ja meditaatiota käsittelevät ohjeet annetaan kattavasti *Self-Realization Fellowshipin opetuskirjeissä*. Katso s. 108.

kiinnostavaan ajatukseen. Meditaatio on keskitty-
misen erityinen muoto, jossa huomiokyky on vapau-
tunut levottomuudesta ja kohdentunut Jumalaan.
Näin ollen meditaatio on keskittymistä, jota käyte-
tään Jumalan tuntemiseen.

Meditaation aloittaminen...

Istu suoraselkäisessä tuolissa tai risti-istunnassa tukevalla pinnalla. Pidä selkä suorana ja leuka yhdensuuntaisesti lattian kanssa.

—————

Jos asentosi on oikea, tunnet kehosi olevan vakaa ja rento; näin pystyt olemaan mahdollisimman paikoillasi tarvitsematta liikuttaa yhtään lihasta. Tällainen liikkumattomuus, joka karsii levottoman kehon kaikki liikkeet ja asennon kohentamisen, on oleellista syvän meditatiivisen tilan saavuttamiselle.

—————

Sulje silmäsi puolittain (tai kokonaan, jos se on mielestäsi mukavampaa) ja katso yläviistoon niin, että keskität katseesi ikään kuin katsoisit ulospäin kulmakarvojesi välisestä pisteestä. (Syvästi keskittyvä henkilö kurtistaa usein otsaansa tästä kohdasta.) Älä katso kieroon tai muuten rasita silmiäsi; yläviistoon suuntautunut katse tulee luonnostaan, kun ihminen rentoutuu ja keskittyy tyynesti. *Kaikkein* tärkeintä on, että keskität *koko huomiosi* kulmakarvojen välissä sijaitsevaan pisteeseen. Tämä on Kristus-tietoisuuden keskus, se "yksi" silmä, josta Kristus puhui.[1] Kun meditaation tarkoitus on täytetty, harjoittaja huomaa tietoisuutensa keskittyvän automaattisesti hengelliseen silmään ja kokee – hengellisten kykyjensä mukaan – riemukkaan ja jumalallisen yhdistymisen Henkeen.

---

1 "Silmä on ruumiin valo: jos siis silmäsi on yksi, niin koko sinun ruumiisi on valaistu." (Matt. 6:22. Jakeen suomennos noudattaa Paramahansa Yoganandan käyttämää King James -raamatunkäännöstä, joka poikkeaa suomalaisesta kirkkoraamatusta. *Suomentajan huomautus*)

Hengitysharjoitus meditaatioon valmistautuessa...

Kun olet ottanut edellä kuvaillun meditaatioasennon, seuraava askel on poistaa keuhkoista niihin kertynyt ylimääräinen hiilidioksidi, joka aiheuttaa levottomuutta. Tee suun kautta kaksoisuloshengitys: "huh, huhhh". (Ääni muodostuu ainoastaan hengityksestä, ei äänihuulilla.) Hengitä sitten syvään sisään nenän kautta, jännitä koko keho ja laske kuuteen. Hengitä sitten taas kahdesti ulos suun kautta, "huh, huhhh", ja laukaise jännitys. Toista tämä kolme kertaa.

Keskity sielun rauhaan ja iloon...

Pysyttele tyynenä. – – Sano hyvästit aistimaa-
ilmalle – näölle, kuulolle, haju-, maku- ja tuntoais-
tille – ja mene sisimpääsi, missä sielumme ilmaisee
itseään. – –

Sivuuta kaikki kehon tuntemukset ja levottomat
ajatukset. Keskity ajattelemaan rauhaa ja iloa.

Meditaatio rauhasta...

Kutsu mielessäsi Jumalaa koko sydämesi kiih-kolla ja vilpittömyydellä. Pyydä Häntä hiljaisuuden temppelissä tulemaan, ja syvässä meditaatiossa löydä Hänet autuuden temppelistä. Laula Jumalalle us-koen, että Hän on läsnä. Lähetä Hänelle ajatuksin ja tuntein rakkautesi koko sydämestäsi, mielestäsi, sielustasi ja voimastasi. Koe sielusi intuitiolla Juma-lan ilmestyminen, kun se murtautuu levottomuutesi pilvien läpi suurena rauhana ja ilona. Rauha ja ilo ovat Jumalan ääniä, jotka ovat pitkään nukkuneet tietämättömyytesi kätköissä, laiminlyötyinä ja unoh-dettuina inhimillisten intohimojen meluun.

Jumalan valtakunta on heti suljettujen silmien pimeyden takana, ja ensimmäinen portti, joka siihen aukeaa, on rauhasi. Hengitä ulos ja rentoudu. Tunne kuinka tämä rauha leviää kaikkialle, sisällesi ja ym-pärillesi. Uppoa tuohon rauhaan.

Hengitä syvään sisään. Hengitä ulos. Unohda nyt hengityksesi. Toista jäljessäni:

"Isä, maailman ja taivaiden äänet ovat vaienneet.

"Olen hiljaisuuden temppelissä.

"Ikuinen rauhan valtakuntasi levittäytyy katseeni eteen, kerros kerrokselta. Pysyköön avoimena minussa tämä ääretön, niin kauan pimeyteen kätketynyt valtakunta.

"Rauha valtaa kehoni, rauha täyttää sydämeni, rauha asuu rakkaudessani. Rauha sisälläni, ympärilläni, kaikkialla.

"Jumala on rauha. Olen Hänen lapsensa. Olen rauha. Jumala ja minä olemme yhtä.

"Ääretön rauha ympäröi elämäni ja tunkeutuu olemassaoloni jokaiseen hetkeen. Rauha minulle, rauha perheelleni, rauha kansalleni, rauha maailmalleni, rauha maailmankaikkeudelleni.

"Hyvää tahtoa kaikille kansoille, hyvää tahtoa kaikille luoduille, sillä kaikki ovat veljiäni ja Jumala on yhteinen Isämme. Elämme Maailman Yhdysvalloissa, missä Jumala ja Totuus toimivat johtajinamme.

"Taivaallinen Isä, tulkoon rauhan valtakuntasi maan päälle niin kuin se on taivaassa, jotta me kaikki pääsisimme vapaiksi repivistä ristiriidoista ja jotta meistä tulisi Sinun maailmasi täydellisiä asukkaita niin ruumiissa, mielessä kuin sielussakin."

Meditoi, kunnes saat jumalallisen vastauksen...

Sinun pitää jatkaa keskittymistä kulmakarvojen välissä sijaitsevaan Kristus-tietoisuuden keskukseen samalla kun rukoilet hartaasti Jumalaa ja Hänen suuria pyhimyksiään. Kutsu sydämesi kielellä heidän läsnäoloaan ja siunaustaan. Hyvä käytäntö on toistaa jotain innoittavaa lausetta tai rukousta – – ja hengellistää se omalla antaumuksellisella janoamisella. Rukoile Jumalaa hiljaa mielessäsi ja pidä huomiosi keskitettynä kulmakarvojen väliin, kunnes tunnet Jumalan vastauksen tyynenä ja syvänä rauhana ja sisäisenä riemuna.

III

Rentoutumisen hengellinen taito: stressin poisto kehosta ja mielestä

Ruumiinkulttuurin puolestapuhujat, terveyden harrastajat ja hengelliset opettajat puhuvat rentoutumisen tärkeydestä, mutta harva ymmärtää, mitä kehon ja mielen täydellinen rentoutuminen todella on tai miten saavuttaa sellainen tila.

⬥

Vaikka auto kävisi tyhjäkäyntiä, se vie energiaa, ja samoin tapahtuu monien ihmisten kohdalla, sillä jopa nukkuessaan, istuessaan tai maatessaan he ovat itse asiassa osittain jännittyneitä (vähän, jonkin verran tai paljon) riippuen henkisestä hermostuneisuudestaan. Niinpä he polttavat energiaa, vaikka heidän kehonsa on näennäisesti levossa.

⬥

Tee joskus seuraava testi: Kun istut tai makaat ja tunnet itsesi täysin rennoksi, hengitä ulos ja pyydä jotakuta nostamaan käsiäsi tai jalkojasi ja sitten päästämään irti. Jos raajasi putoavat tömähtäen niin, ettet edes tiedostamattasi yritä laskea niitä asteittain, olet täysin rento.

Aina kun olet väsynyt tai huolestunut, jännitä ensin koko kehosi ja rentoudu sitten hengittäen samanaikaisesti ulos: huomaat tyyntyväsi. Jos rentoutumista edeltää ainoastaan vähäinen tai osittainen jännittyminen, kaikki jännitys ei laukea, mutta kun jännität itsesi niin ankarasti että värähtelet energiasta ja sitten rentoudut nopeasti eli "päästät irti", saavutat täydellisen rentoutumisen.

Poista lihasjännitys...

[Kehon rentoutustekniikka:] [1]

Jännitä tahdonvoimalla: Tahdonvoimallasi voit suunnata (jännittämisprosessin avulla) energian virtaamaan koko ruumiiseen tai mihin tahansa ruumiinosaan. Voit tuntea energian värähtelyt, jotka antavat elinvoimaa ja elvyttävät kehoa. *Rentoudu ja tunne*: Rentouta jännittynyt olotila ja tunne rauhoittavaa kihelmöintiä, kun uusi elämä ja elinvoima pulppuavat elpyneellä alueella. *Tunne*, että sinä et ole kehosi; olet elämä, joka ylläpitää kehoa. *Tunne* rauha, vapaus ja kasvanut tietoisuus, jotka johtuvat tämän tekniikan hyödyntämisen aiheuttamasta levollisuudesta.

(a) Hengitä sisään ja pidättele hengitystä.

(b) Jännitä rauhallisesti koko vartalosi jokainen lihas yhtä aikaa.

1 Yksinkertaistettu ohje erityisestä tekniikasta, jonka Paramahansa Yogananda kehitti vuonna 1916. Tavoitteena on palauttaa elinvoima ja edistää täydellistä rentoutumista; tekniikka opetetaan *Self-Realization Fellowshipin opetuskirjeissä*. Lihasten jännittämisen ja rentouttamisen periaate on saanut laajalti kannattajia myös lääketieteen parissa, missä tekniikalla pyritään hoitamaan monenlaisia vaivoja, mukaan lukien hermostuneisuutta ja korkeaa verenpainetta.

(c) Pidä jännitys yllä ja laske kahteenkymme-
neen keskittyen samalla koko kehoosi.

(d) Hengitä ulos ja rentouta samalla lihakset.

Toista kolme kertaa aina kun tunnet olosi hei-
koksi tai hermostuneeksi.

Rentoutuminen ja mielenrauha...

Rentoutunut ja tyyni keho edistää mielenrauhaa.

———

Psykologisia häiriötiloja voidaan merkittävästi lieventää poistamalla tietoisesti niiden ulkoiset ilmenemistavat. Pelko saa ihmisen usein puristamaan kätensä nyrkkiin ja kallistamaan päätään hieman eteenpäin – ja aivan varmasti se aiheuttaa sydämentykytystä. Jos tarkkailee sellaisia reaktioita, rentouttaa kätensä, suoristaa ryhtiään, hengittää hitaasti ja syvään ja sitten hengittää ulos ja pidättäytyy vetämästä henkeä niin kauan kuin mukavasti pystyy ja keskittyy sisäiseen tyyneyteen, tuntee pelon lievenevän.

Mielen rentouttamistaidon opettelu...

Jotkut ovat oppineet rentouttamaan kehonsa mutta eivät mieltään.

———◆———

Mielen rentouttaminen riippuu kyvystä saada tahtonsa avulla huomionsa vapaaksi kalvavista menneisiin tai tuleviin asioihin kohdistuvista huolista, jatkuvasta velvollisuuden paineesta, onnettomuuksien pelosta ja muista piinaavista ajatuksista, samoin kuin ahneudesta, himoista ja sen tapaisista kielteisistä päähänpinttymistä. Mielen rentouttamisen oppii ahkeralla harjoittelulla. Taidon hallitsee, kun pystyy tahdollaan karkottamaan mielestään kaikki levottomat ajatukset ja keskittämään huomionsa täydellisesti sisäiseen rauhaan ja tyytyväisyyteen.

———◆———

Kun kamppailee veden varassa, ei ole niinkään tietoinen vedestä kuin kamppailusta. Mutta jos herkeää kamppailemasta ja rentoutuu, alkaa kellua ja tuntee, kuinka vesimassat kannattelevat sylissään koko kehoa. Jumala on samankaltainen. Kun olet tyyni, tunnet, miten koko onnellisuuden universumi tuudittaa sinua heti tietoisuutesi taustalla. Tuo onnellisuus on Jumala.

————

Jos pystyt säilyttämään tyyneytesi kaikkina aikoina ankaristakin koettelemuksista huolimatta ja jos tunnet olosi turvalliseksi kuolemattoman Jumala-uskosi huomassa, mielesi rentoutuu.

————

Mielen rentoutuminen on kuitenkin vasta metafyysisen tai äärimmäisen rentoutumisen ensimmäisiä vaiheita. Myöhemmissä tiloissa pystytään tahdonalaisesti poistamaan tietoisuus ja energia koko kehosta, jolloin sulaudutaan täydellisesti todelliseen olemukseen: Henkeen. Tällainen tietoisuuden irrottaminen dualismin harhoista on korkeimman asteista henkistä rentoutumista. [1]

————————

1 Tämä autuas tila on *kriya*-joogameditaation korkein päämäärä, joka voidaan saavuttaa Paramahansa Yoganandan opetuksia seuraamalla (katso s. 108).

Näe mielessäsi kulmakarvojen välissä sijaitse-
valla silmälläsi rauhan rannaton järvi. Katso sinua
ympäröivää ja väreilevää ikuisen rauhan kehää.
Mitä keskittyneemmin katsot, sitä paremmin tunnet,
kuinka rauhan aallot leviävät kulmakarvojen kes-
keltä otsaasi, otsasta sydämeen ja kehosi jokaiseen
soluun. Rauhan vesimassat tulvivat kehosi rannoille
ja peittävät koko mielesi laajat kunnaat. Rauhan
aalto tulvii mielesi rajojen yli ja kulkee äärettömiin.

IV

Miten olla "tyynesti aktiivinen" eli sisäiseen rauhaan keskittynyt, teetpä mitä hyvänsä

engellistä terveyttä on olla tyynesti aktiivinen ja aktiivisesti tyyni – kuin Rauhanruhtinas, joka istuu mielenrauhan valtaistuimella ja ohjaa toiminnan kuningaskuntaansa. Liika aktiivisuus tekee ihmisestä automaatin ja liika levollisuus laiskurin ja haihattelijan. Rauha on elämän nautinto; aktiivisuudessa elämä ilmaisee itseään. Meidän tulee pitää lännen aktiivisuus ja idän tyyneys tasapainossa.

Säilytä malttisi. Tavallinen elämä on kuin heiluri, joka heiluu edestakaisin taukoamatta. Rauhallinen ihminen pysyy tyynenä, kunnes on valmis työhön; silloin hän tarttuu toimeen. Heti lopetettuaan hän pystyy palaamaan seesteisyyden ytimeen. Sinun pitäisi aina

pysytellä tyynenä kuin lepotilassa oleva heiluri, joka
on kuitenkin valmis toimintaan millä hetkellä hyvänsä.

Hengellisen ja materiaalisen elämän tasapainottaminen...

Materiaalinen ja hengellinen ovat vain yhden universumin ja yhden totuuden kaksi osaa. Painottamalla toista osaa liiaksi toisen kustannuksella ihminen ei pysty saavuttamaan harmoniselle kehitykselle tarpeellista tasapainoa. – – Harjoita elämisen taitoa niin, ettet menetä mielenrauhaasi. Seuraa tasapainon polkua saavuttaaksesi Itse-oivalluksen ihmeellisen sisäisen puutarhan.

Jumala on läsnä kaikkialla kosmoksessa, mutta Häntä ei sen monimuotoisuus häkellytä; samoin myös ihmisen – jonka sielu on yksilöllistynyt Henki – täytyy oppia ottamaan osaa kosmiseen näytelmään säilyttäen horjumatta mielensä tasapaino.

Hengellisen kilvoittelijan pitää löytää vastapaino levottomuutta herättäville materiaalisille pyrkimyksilleen tyyneyttä suovasta hengellisestä meditaatiosta.

Opettele olemaan aktiivinen ja tee rakentavaa työtä, mutta kun velvollisuutesi on suoritettu, sammuta moottorisi. Vetäydy olemisesi keskipisteeseen, joka on tyyneys. Vakuuta itsellesi mielessäsi: "Olen tyyni. En ole pelkkä hermostunut mekanismi; olen Henki. Vaikka asustan tässä ruumiissa, se ei vaikuta minuun." Jos hermostosi on levollinen, onnistut kaikissa hankkeissasi ja – ennen kaikkea – menestyt Jumalan kanssa.

Yksinkertaista elämääsi...

Moderni ihminen nauttii saadessaan koko ajan enemmän ja enemmän; muiden kohtalolla ei hänelle ole merkitystä. Eikö kuitenkin olisi parempi elää yksinkertaisempaa elämää ilman monia ylellisyyksiä ja huolia? Ethän saa iloa ajamalla itsesi niin näännyksiin, ettet pysty enää nauttimaan siitä, mitä sinulla on.

Vie aivan liikaa aikaa ja energiaa pitää valtavia määriä esineitä tai omaisuutta hyvässä järjestyksessä. Totuus on, että mitä enemmän tarpeetonta "tarpeellista" sinulla on, sitä vähemmän koet mielenrauhaa, ja mitä vähemmän omistamasi asiat hallitsevat mieltäsi, sitä onnellisempi olet.

Älä siis juutu maailmallisuuden oravanpyörään – se vaatii ihmiseltä liikaa. Siihen mennessä, kun saavutat haluamasi, hermosi ovat mennyttä, sydän vaurioitunut ja luita kivistää.

Sisäinen rauha

Ihmiselle tarpeellisinta olisi saada enemmän aikaa nauttia luonnosta, yksinkertaistaa elämäänsä ja karsia kuvitteellisia tarpeitaan. Hänen pitäisi nauttia olemassaolonsa todellisten tarpeiden tyydyttymisestä, oppia tuntemaan lapsensa ja ystävänsä paremmin, ja ennen kaikkea oppia tuntemaan *itsensä* ja Jumala, joka hänet on luonut.

Yksin oleminen on suuruuden hinta...

Kun olet suorittanut päivän velvollisuutesi, istu hiljaa yksinäisyydessä. Tartu hyvään kirjaan ja lue keskittyneesti. Meditoi sen jälkeen pitkään ja hartaasti. Saat tästä paljon enemmän rauhaa ja onnea kuin levottomista puuhista, joiden takia mielesi laukkaa villisti joka suuntaan. – –

Jos otat tavaksesi viettää kotonasi aikaa yksin meditoiden, saat runsaasti voimia ja mielenrauhaa. Tuo rauha seuraa sinua niin aktiviteettiesi kuin meditoinninkin aikana. Suuruuden hinta on siis ajoittainen eristäytyminen.

Etsi hiljaisia paikkoja, joihin voit säännöllisesti vetäytyä ajattelemaan Jumalaa itseksesi. Jos vietät aikaasi ihmisten parissa, tee se täydestä sydämestäsi ja anna heille rakkauttasi ja huomiotasi. Varaa kuitenkin aina aikaa ollaksesi myös vain Jumalan kanssa.

Jokainen ihminen tarvitsee piilopaikan, jonne hän voi vetäytyä ainoana tarkoituksenaan antaa Äärettömyyden ladata akkunsa hiljaisuudessa.

Lepopäivän hengellinen arvo…

Kuusi täyttä vuorokautta koneen kaltaista ole-
massaoloa ja osa yhdestä päivästä (sunnuntaista)
oman sisäisen itsensä kehittämistä ei ole tasapainoi-
nen elämäntapa. Viikko tulisi jakaa työn, huvitusten
ja hengellisen elämän vaalimisen kesken: viisi päi-
vää rahan ansaitsemista, yksi päivä lepoa ja huvit-
telua ja ainakin yksi päivä itsetutkiskelua ja sisäistä
oivaltamista.

———◆———

"Muista pyhittää lepopäivä." Kuinka harvat omis-
tavatkaan viikon seitsemästä päivästä edes yhden
Jumalalle! Yhden päivän omistaminen Hänelle on
hyödyllistä oman hyvinvointisi kannalta. Sunnuntai
on auringon päivä – viisauden kirkas päivä. Monet
eivät käytä sitä milloinkaan Jumalan ajattelemiseen,
vaikka juuri se olisi suurinta viisautta. Jos voisit
tuona päivänä olla yksin ja ääneti ja nauttia hiljai-
suudesta, huomaisit itsekin, miten paljon paremmalta
sinusta tuntuu. Vietä lepopäivä tällä tavalla, ja se
antaa balsamia edeltäneiden kuuden päivän aikana
tulleille haavoille. Jokainen tarvitsee yhden päivän

viikosta hengellisessä sairaalassa parantaakseen henkiset haavansa.

Älä pidä lepopäivää pakollisena velvollisuutena vaan nauti siitä. Kun lepopäivästä muodostuu rauhan, ilon ja tyytyväisyyden päivä, alat suorastaan odottaa sitä.

Saatat yllättyä, miten eristäytyminen Jumalan kanssa kahden vaikuttaa mieleesi, kehoosi ja sieluusi.

Intian viisaat neuvovat omistamaan säännöllisesti yhden päivän yksinäisyydelle, mutta painottavat sen lisäksi, että joka päivä tulisi omistaa määrätyt ajanjaksot hiljaiselle meditoinnille. Pysyttele tyynenä ja tunne rauha varhain aamulla ennen kuin nouset ylös tai tapaat ketään. Sinun tulisi niin ikään viettää hetki hiljaisuudessa puolenpäivän tienoilla ennen lounasta sekä ennen ilta-ateriaa. Hiljenny myös vähän ennen nukkumaanmenoa. Ne, jotka uskollisesti noudattavat hiljaiseen yksinäisyyteen vetäytymistä neljästi päivässä, tuntevat väistämättä virittyvänsä yhteen Jumalan kanssa. Niiden, joilta neljä kertaa päivässä ei onnistu, pitäisi omistaa hetki Jumalalle ainakin aamuin ja illoin. Näin tekemällä elämästäsi tulee erilainen ja onnellisempi.

———

Meditoi neljästi päivässä hiljaa ja ajattele koko sydämesi rakkaudella ja kaipauksella: "Olen nyt Äärettömän seurassa. 'Isä, paljasta Itsesi, paljasta Itsesi.'" Pyri tuntemaan Hänen läsnäolonsa rauha. Kylvetä mieltäsi ja kehoasi tuossa rauhassa, niin menestyt elämässäsi. Tyyni ihminen ei tee virheitä. Kun tuhannet muut epäonnistuvat, hän menestyy. Menestyäksesi sinun tulee olla tyyni. Ne, jotka eivät pidä lepopäivää tunteakseen jumalallisen rauhan, vajoavat syvään alakuloon. Heistä tulee hermostuneita automaatteja. Rauhan ja viisauden parantava aurinko paistaa sinulle hiljaisuuden ikkunoista.

Tyyneys tuo kaikkiin toimiisi harmonian ja hyvän arvostelukyvyn...

Tyyni ihminen osaa havaita aisteillaan ympäristönsä tarkasti. Levoton ei huomaa mitään, joten hän joutuu jatkuvasti kahnauksiin itsensä ja muiden kanssa ja ymmärtää kaiken väärin. Tyyni ihminen on itsehallintansa avulla aina sopusoinnussa muiden kanssa, aina iloinen, aina rauhallinen. Älä milloinkaan siirrä keskittymisesi painopistettä seesteisyydestä levottomuuteen. Suorita kaikki toimesi keskittyneesti.

Hyvä arvostelukyky on viisauden luontainen ilmenemismuoto, mutta se riippuu sisäisestä harmoniasta, joka puolestaan on mielen tasapainoisuutta. Ristiriitojen vaivaamassa mielessä ei vallitse rauha, ja ilman rauhaa mieleltä puuttuvat myös arvostelukyky ja viisaus. Elämän polulla on aina töyssyjä ja kuoppia. Vaikeat ajat vaativat suurinta arvostelukykyä, mutta jos säilytät mielesi tasapainon, tulet voittamaan. Suurin apusi elämän taakan kantamisessa on sisäinen harmonia.

Monet luulevat, että heidän toimiensa pitää olla joko pikaisia tai hitaita. Tämä ei pidä paikkaansa. Mikäli pysyttelet tyynenä ja keskityt ankarasti, suoritat kaikki toimesi täsmälleen oikealla nopeudella. Taitavan toiminnan taito piilee siinä, että pystyy toimimaan hitaasti tai nopeasti menettämättä sisäistä rauhaansa. Tämä saavutetaan kehittämällä hallittu mielentila, jonka vallitessa pystyt toimimaan rauhallisesti menettämättä sisäistä tasapainoasi.

⊱─━⋆⋅☆⋅⋆━─⊰

Tyynen ihmisen silmistä heijastuu levollisuus, kasvoilta valpas äly ja mielestä oikeanlainen vastaanottavaisuus. Hän toimii ripeästi ja päättäväisesti, mutta ei ole äkillisten impulssien ja mielitekojen armoilla. Levoton ihminen on kuin sätkynukke: muiden tarjoamat houkutukset saavat hänet tanssahtelemaan tunnepitoisten halujensa mukaan. Toimitpa sitten nopeasti tai hitaasti, pidä perustanasi aina tyyneyden keskusta.

⊱─━⋆⋅☆⋅⋆━─⊰

Sisäinen rauha

Avaa tyyneytesi ovi ja anna hiljaisuuden askelten käyskennellä lempeästi kaikkien toimiesi temppeliin. Suorita kaikki velvollisuudet kiihkottomasti ja rauhantäyteisesti. Sydämesi sykkeen taustalla tunnet Jumalan rauhan sykkeen.

LUKU

V

Rauhallisuus
jokapäiväisessä elämässä:
keskeiset periaatteet ja käytännöt

*J*os kirjoitat jatkuvasti šekkejä etkä talleta mitään pankkitilillesi, rahasi loppuvat. Sama pätee elämään. Ellet talleta säännöllisesti rauhaa elämäntilille, sinulta loppuvat voimat, tyyneys ja onnellisuus. Lopulta ajaudut emotionaaliseen, henkiseen, fyysiseen ja hengelliseen konkurssiin. Mutta päivittäinen yhteys Jumalaan tekee jatkuvasti talletuksia sisäiselle pankkitilillesi.

Jokainen on joskus enemmän tai vähemmän hermostunut tietämättä miksi. – – Levottomuus ja tunnekuohut keskittävät liikaa energiaa hermoihin, jolloin ne alkavat kulua. Vuosien kuluttua hermostuneisuuden kielteiset vaikutukset alkavat ilmetä. Hermot ovat todella vahvat – Jumala loi ne sellaisiksi,

koska niiden pitää kestää elinikä – mutta niitä pitää
huoltaa asianmukaisesti. Kun lakkaat ylikuormitta-
masta hermostoa, hermostuneisuus katoaa, kuten ta-
pahtuu syvässä unessa tai meditaation tyyneydessä.

Hermostuneisuuteen on olemassa parannus-
keino. Siitä kärsivän täytyy olla valmis analysoimaan
tilaansa ja poistamaan raastavat tunteet ja negatii-
viset ajatukset, jotka vähä vähältä tuhoavat häntä.
Ongelmien objektiivinen analysointi ja pysyminen
tyynenä kaikissa elämäntilanteissa parantavat sit-
keimmätkin tapaukset.

Tutkaile itseäsi nähdäksesi, oletko hermostunut,
ja määrittele sitten, mikä sinua hermostuttaa.

Stressin ja hermostuneisuuden syitä...

Mielen tasapainon järkkyminen, joka johtaa hermostoperäisiin häiriöihin, johtuu jatkuvista tunnekuohuista tai aistien alituisesta kuormittamisesta.

Hermostuneisuutta aiheuttaa yhtämittainen paneutuminen pelkoihin, kateuteen, suruun, vihaan, tyytymättömyyteen ja huoliin, mutta myös normaaliin ja onnelliseen elämään vaadittavien puitteiden, kuten oikeanlaisen ravinnon, kuntoilun, raittiin ilman, auringonpaisteen, miellyttävän työn ja elämän merkityksen puuttuminen, vaikuttaa hermostuneisuuteen.

Kaikki väkivaltaiset tai itsepintaiset henkiset, emotionaaliset tai fyysiset kuohut häiritsevät pahasti elinvoiman virtausta sensoris-motorisen mekanismin ja aistielimien lävitse ja horjuttavat sen tasapainoa. Jos kytkee 120-volttisen hehkulampun 2 000-volttiseen virtalähteeseen, lamppu rikkoutuu. Vastaavasti, myöskään hermostoa ei ole tehty kestämään äärimmäisten tuntemusten eikä itsepintaisten, kielteisten ajatusten ja tunteiden tuhovoimaa.

Hermostuneisuuden syy – jota ei ehkä tiedostakaan – on myös radion ja television tuntikausien pauhaaminen. Kaikki äänet aiheuttavat reaktion hermoissa.[1] Chicagon poliisivoimissa tehty tutkimus osoitti, että sellaiset ihmiset, jotka eivät altistu modernin elämän jatkuvalle äänisaasteelle – se on erityisen voimakasta kaupungeissa – elävät vuosia pitempään. Opettele siis nauttimaan hiljaisuudesta äläkä kuuntele radiota tai katsele tv:tä tuntikausia tai pidä niitä päällä vain turhana taustameluna.

Kaikki korkeammalle kehittyneiden eläinten liha, erityisesti nauta ja sika, on pahasta hermostolle, sillä se aiheuttaa ylipirteyttä ja aggressiivisuutta. Vältä myös liiallista tärkkelystä ja etenkin ruokia, joissa on käytetty pitkälle jalostettuja jauhoja. Syö kokojyvätuotteita, raejuustoa ja paljon hedelmiä, hedelmämehuja ja tuoreita kasviksia – nämä ovat tärkeitä ravintoaineita.

1 Monet tutkijat ovat kuvailleet melun haitallista vaikutusta ihmisen terveydelle. Columbian yliopiston korva- ja kurkkutautiopin professori tri Samuel Rosen on kirjoittanut: "Tiedetään, että kovat äänet aiheuttavat reaktioita, joita vastaanottaja ei voi kontrolloida. Verisuonet supistuvat, iho kalpenee, tahdonalaiset ja autonomiset lihakset jännittyvät ja verenkiertoon erittyy adrenaliinia, mikä lisää lihashermostollista jännitystä, hermostuneisuutta, ärtyneisyyttä ja ahdistusta."

Sanomattakin on selvää, että alkoholi ja huumeet tuhoavat hermostoa, joten pysy loitolla niistä.

Hermostolle on hyväksi joogijuoma, joka valmistetaan lisäämällä murskattua kandisokeria ja tuoretta limettimehua vesilasilliseen. Juoma pitää sekoittaa tasaiseksi, jotta makea ja hapan maistuvat yhtä voimakkaasti. Olen suositellut sekoitusta monille erinomaisin tuloksin.

———

Muista kuitenkin, että paras keino parantaa hermostuneisuus on virittää elämä sopusointuun Jumalan kanssa.

Tunne *sisäisen rauhan ja onnellisuuden* jumalalliset lait...

Moraalin erityispiirteillä on taipumus vaihdella kameleontin värin lailla kulloisenkin yhteisön mukaan, mutta ihminen ei voi toimillaan milloinkaan muuttaa Luonnon tutkimattomia lakeja, joiden kautta Jumala ylläpitää luomakuntaansa.

Onnellisuus pohjautuu moraalisuuteen ja jumalallisuuteen.

Jumalallista lakia rikkovat maksavat teostaan sisäisen rauhan menettämisellä.

Elokuvatähtiä ja muita ammattiviihdyttäjiä ihaillaan Amerikassa. Mutta miksi heidän yksityiselämänsä on perin usein raunioina ja onnettomuuksien ja avioerojen riivaamaa? Suurin osa heistä viettää sellaista elämää, jossa hermoenergia keskittyy liikaa aisteihin. Ylensyöminen, lukuisat seksikumppanit ja alkoholi ja huumeet tuottavat väärennettyä onnea.

———

[Moraalilait] saattavat kehon ja mielen sopusointuun luonnon eli luomakunnan jumalallisten lakien kanssa ja tuottavat sisäistä ja ulkoista hyvinvointia, onnea ja voimaa.

———

Sen vuoksi moraalinen menestyminen – haitallisten tapojen ja impulssien välttäminen – tuo enemmän onnea kuin materiaalinen menestys. Moraalinen menestys tuottaa psykologisen tason onnea, jota mitkään fyysiset olosuhteet eivät voi riistää. – – Omaksu sellaisia ajatuksia ja tapoja, jotka johtavat onnellisuuteen.

———

Sisäisesti tyytyväiset ihmiset elävät oikein. Onnellisuus seuraa ainoastaan oikeasta toiminnasta.

Hermostuneisuus on kehittyneen yhteiskunnan sairaus...

Hermostuneisuus on kehittyneen yhteiskunnan sairaus. Muistan, kuinka ajoimme ylös Pikes Peakia Coloradossa. Toiset autot kiihdyttivät ohitsemme vauhdilla jyrkän ylämäen mutkassa. Luulin niiden kiirehtivän vuoren huipulle, jotta ihmiset näkisivät auringonnousun. Kun saavuimme perille, olimme suureksi hämmästyksekseni ainoat, jotka nauttivat näköalasta. Kaikki muut olivat ravintolassa juomassa kahvia ja syömässä donitseja. Ajatella! Muut syöksyivät huipulle ja sitten pois ainoastaan siitä ilosta, että saattoivat kotiin palattuaan sanoa olleensa Pikes Peakin huipulla kahvilla ja donitsilla. Hermostuneisuus aiheuttaa juuri tällaista käytöstä.

Meidän pitäisi pysähtyä nauttimaan asioista – Jumalan luomakunnan kauneudesta ja elämän lukuisista siunauksista – mutta välttää tarpeettomia tunnekuohuja, levottomuutta ja äkillisiä mielenliikutuksia, jotka kuluttavat hermostoamme.

Jos elät elämääsi jatkuvan kiihtymyksen val-
lassa, et opi koskaan, mitä on todellinen onnellisuus.
Elä yksinkertaisemmin ja ota elämä rennommin. On-
nellisuuden salaisuus piilee siinä, että annat itsellesi
aikaa ajatella ja tutkiskella itseäsi. Vietä aina välillä
aikaa yksiksesi ja pyri useammin hiljaisuuteen.

Huolestuneisuuden karkottaminen...

Kaikkien pitäisi joka aamu ja ilta heittää hetkeksi huolensa ja viettää tuokio täydellisessä hiljaisuudessa. Yritä sellaisina hetkinä olla minuutti ajattelematta murheitasi. Keskity niiden sijasta sisäiseen rauhaan. Yritä sen jälkeen keskittyä muutama minuutti tuohon rauhaan. Ajattele seuraavaksi jotain onnellista tapahtumaa: viivy siinä ja visualisoi se, elä tapahtuma mielessäsi uudelleen ja uudelleen, kunnes huolesi ovat täysin haihtuneet.

Jos tajuaisimme, kuinka raskaita taakkoja pakotamme mielemme kantamaan, saattaisimme ihmetellä, miksi emme ole murtuneet jo aikoja sitten. Rasitamme peloilla ja ahdistuksella mieltämme niin pahasti, että se ylikuormittuu. Tämän takia pelko hiipii ajatuksiimme ja menetämme mielenrauhan ja hengellisen tasapainon.

Meillä on taipumus pyrkiä nykyhetken lisäksi elämään myös menneisyydessä ja tulevaisuudessa. Sellainen on mielelle liian raskas taakka kantaa, joten meidän pitäisi keventää kuormaamme. Menneisyys on mennyttä. Miksi siis vatvoa sitä edelleen? Antakaa mielen huolehtia rasitteistaan yksi kerrallaan.

Joutsen syö ainoastaan kiinteän ravinnon siitä nesteestä, jonka se hamuaa nokkaansa. Samalla tavalla meidän pitäisi säilyttää menneisyydestä vain oppimamme läksyt ja unohtaa tarpeettomat yksityiskohdat. Se olisi mielelle suuri helpotus ja poistaisi monia huolia.

Huolia voisi verrata hyönteiseen, joka kalvaa kukkaa sisältäpäin. Kun terälehdet sulkeutuvat, sekä kukka että hyönteinen kuolevat. Huolet kuluttavat sisäistä elinvoimaamme niin, että emme edes tiedosta sitä. Kun havahdumme todellisuuteen, vahinko – jolla saattaa olla kauaskantoisia haittavaikutuksia hermostoon – on jo tapahtunut.

Jos meillä on liian monta rautaa tulessa, lannistumme helposti. Sen sijaan, että murehtisit mitä kaikkea pitäisi tehdä, sano vain: "Tämä tunti on omani. Teen sen aikana parhaani." Kello ei voi tikittää kahtakymmentäneljää tuntia yhden minuutin aikana, etkä sinä voi tehdä tunnissa yhtä paljon kuin ehdit kahdessakymmenessäneljässä tunnissa. Elä jokainen hetki täydesti, niin tulevaisuus kyllä pitää huolen itsestään. Nauti täysin siemauksin jokaisen hetken ihmeellisyydestä ja kauneudesta. Harjoita rauhan läsnäoloa. Mitä enemmän sitä harjoitat, sitä syvemmin koet rauhan läsnäolon elämässäsi.

Älä tuhlaa aikaa murehtimalla, vaan ajattele sen sijaan positiivisesti, miten vaikeuksien syyt voidaan poistaa. Jos haluat eroon ongelmasta, analysoi sitä kiihkottomasti ja laadi lista asian hyvistä ja huonoista puolista. Sen jälkeen voit päättää, mihin toimenpiteisiin sinun pitää ryhtyä saavuttaaksesi tavoitteesi.

Unohda menneet, sillä ne eivät ole enää hallinnassasi! Unohda tulevaisuus, sillä se on vaikutuspiirisi ulottumattomissa! Hallitse nykyhetkeä! Elä mahdollisimman hyvin juuri nyt! Se valkaisee synkän menneisyyden ja pakottaa tulevaisuuden valoisaksi! Tämä on viisaiden tapa.

Pelon voittaminen...

Karkota pelkosi. Mitä pelättävää sinulla on? Jopa lievät pelot, kuten pimeyden vierastaminen tai murehtiminen siitä, mitä "voisi" tapahtua, vaikuttavat hermoihin enemmän kuin osaat kuvitellakaan.

Älä milloinkaan pelkää mitään. Pelko on eräs hermostuneisuuden muoto. Niin kauan kuin et ole kuollut, olet elossa, joten miksi pelkäisit. Ja kun olet kuollut, kaikki on ohi, etkä enää muista mitään. Miksi siis murehtisit?

Pelko syntyy sydämessä. Jos joskus tunnet itsesi voimattomaksi pelätessäsi jotain sairautta tai onnettomuutta, hengitä syvään – sisään ja ulos – hitaasti ja rytmikkäästi useita kertoja ja tunne, kuinka rentoudut jokaisen uloshengityksen myötä. Tämä auttaa verenkiertoa palautumaan normaalitilaan. Jos sydämesi on todella levollinen, et voi tuntea lainkaan pelkoa.

Oivallus siitä, että kyky ajatella, puhua, tuntea ja toimia on peräisin Jumalalta ja että Hän on aina rinnallamme innoittamassa ja ohjaamassa, poistaa välittömästi hermostuneisuuden. Tämän oivalluksen myötä ihminen kokee jumalallisen ilon välähdyksiä; toisinaan syvä valaistuminen lävistää koko olemuksen, jolloin jopa pelon käsite kaikkoaa. Jumalan voima vyöryy sisään kuin valtameri ja läpäisee sydämen puhdistavalla tulva-aallolla poistaen kaikki harhaisten epäilysten, hermostuneisuuden ja pelkojen pystyttämät esteet. Materian harha – että tietoisuus olisi kiinni ainoastaan kuolevaisessa ruumiissa – katoaa pääsemällä yhteyteen Hengen suloisen seesteisyyden kanssa. Tämä onnistuu päivittäisen meditaation avulla. Silloin tajuat, että keho on kuin pieni energiakupla Hänen kosmisessa meressään.

Sisäinen rauha kukistaa vihan...

Raivon poissaolo on nopein tapa saavuttaa mielenrauha.

Viha herää, kun mielihalujen toteuttaminen estetään. – – Hän, joka ei odota mitään muilta vaan kääntyy odotuksineen Jumalan puoleen, ei voi vihata kanssaihmisiään tai pettyä heihin. Viisas tyytyy tietoon siitä, että Herra pyörittää maailmankaikkeutta. – – Hän ei raivoa, tunne vihamielisyyttä eikä halveksuntaa.

Rauha (*shanti*) on jumalallinen ominaisuus. – – Jos olet sisäistänyt "Jumalan rauhan, joka on kaikkea ymmärrystä ylempi"[1], olet kuin harmonian ja tyyneyden tuoksua levittävä ihastuttava ruusu.

Jos haluat elää rauhassa ja sopusoinnussa, omaksu jumalallinen tyyneys ja rauha ja ajattele ainoastaan rakastavia ja hyväntahtoisia ajatuksia. Älä

1 Fil. 4:7.

koskaan suutu, sillä viha myrkyttää hermostosi. Yritä ymmärtää niitä, jotka loukkaavat sinua, ja aina kun joku yrittää suututtaa sinua, sano mielessäsi: "Oloni on liian mukava ollakseni vihainen. En halua sairastua kiukkuun."

Älä sano vihaisena mitään. Koska tiedät, että kiukku on kuin puhkeamassa oleva tauti – niin kuin flunssa – kukista se mielesi lämpimillä kylvyillä. Niitä voit ottaa ajattelemalla ihmisiä, joille et voi milloinkaan suuttua, tekivätpä he sitten mitä tahansa. Jos tunteesi käyvät liian kuumina, käy kylmässä suihkussa tai sivele niskakuoppaa, ohimoita (juuri korvien yläpuolelta), otsaa (etenkin kulmakarvojen välistä) ja päälakea jääpalalla. – –

Viha on myrkkyä rauhalle ja tyyneydelle. – – Älä piittaa niistä, jotka näyttävät nauttivan sinun suututtamisestasi. Kun tunnet kiukun kihoavan, kytke tyyneyskoneistosi päälle ja valmista rauhan, rakkauden ja anteeksiannon vastalääkettä, joka karkottaa vihan. Ajattele rakkautta ja pohdi, että samoin kuin et halua muiden olevan vihaisia sinulle, et itsekään halua muiden joutuvan kärsimään rumasta kiukustasi. – –

Kehitä metafyysistä järkeä ja tuhoa viha. Näe vihan aiheuttaja Jumalan lapsena: ajattele häntä viisivuotiaana pikkuveljenäsi, joka huitaisi sinua vahingossa puukolla. Sinun ei pitäisi haluta puukottaa pikkuveljeäsi kostoksi. Tuhoa viha mielessäsi sanomalla: "En myrkytä rauhaani vihalla; en anna raivon pilata iloa tuottavaa tyyneyttäni."

Muista, että jos pysyt sisäisesti tyynenä kaikissa olosuhteissa, voit kukistaa minkä tai kenet hyvänsä. Todellinen tyyneys merkitsee sitä, että Jumala on kanssasi. Jos muutut levottomaksi, ärsytät ihmisiä ja he suuttuvat sinulle. Sitten sinä itse vajoat synkkyyteen. – –

Jos joku yrittää saada sinut hankaluuksiin, sano itsellesi kerta toisensa jälkeen: "Olen rauha, olen tyyni". Ja sano se syvällä vakaumuksella. Pidä kiinni tuosta rauhasta, vaikka muut kuinka yrittäisivät horjuttaa tasapainoasi. Silloin myös hermosi pysyvät levollisina.

Jos joku pystyy suututtamaan sinut, et ole vielä saavuttanut täydellistä tyyneyttä, mutta tyynenä pysyminen ei merkitse sitä, että sinun pitäisi alistua kynnysmatoksi. Toisinaan on tarpeen tehdä muille selväksi, että olet tosissasi – muista kuitenkin, että olet silti Jumalan lapsi, jonka ei ikinä pitäisi suuttua. Mitä useammin menetät malttisi, sitä pitempään pysyt harhaisessa maallisessa tietoisuudessa, mutta jos säilytät sisäisen tyyneytesi, osoitat todellisen Jumalan lapsen varmuutta.

Rauha kotioloissa...

Kun löydät sielustasi rauhan ehtymättömän varaston, elämääsi vaikeuttavat hankaluudet vähenevät vähitellen.

———✦———

Muista, että hengellisten pyrkimysten kovin koetinkivi on se, miten hyvin pystyt hillitsemään itsesi kotioloissa – etenkin jos koti on eripurainen. Jos ihmisen sisäinen rauha ilmenee vakautena ja vahvuutena kotioloissa ja jos hän lannistaa muiden riitaisan asenteen ilmaisemalla hellittämättä ja kauniisti ehtymätöntä rakkautta, hänestä tulee rauhanruhtinas.

———✦———

Tee kodistasi rauhan tyyssija.

———✦———

Jos miehesi tai vaimosi suuttuu ja saa kiukkusi heräämään, lähde kävelylle ennen kuin esität oman kantasi. Vaikka hän olisikin teräväsanainen, älä vastaa samalla mitalla. On parempi pysytellä vaiti, kunnes maltti palaa. – – Älä anna kenenkään horjuttaa rauhaasi äläkä riistä muilta heidän rauhaansa kovilla sanoilla. – –

Jos vaimosi kiljuu sinulle ja sinä huudat takaisin, kärsit kaksin verroin – ensin hänen karkeista sanoistaan, sitten omistasi. Teet hallaa ensisijaisesti itsellesi. Kun lopulta lopetat riitelyn, sinusta tuntuu, ettei sinusta ole enää mitään jäljellä. Siksi maailmassa on niin paljon avioeroja.

Suoraan sanoen ihmisten ei pitäisi mennä naimisiin ennen kuin he oppivat hallitsemaan tunteitaan edes jonkin verran. Kouluissa pitäisi opettaa itsehallinnan taitoa, rauhoittumista ja keskittymistä. Amerikkalaiset perheet särkyvät, koska näitä taitoja ei opeteta kotona eikä koulussa. Miten kaksi hermostuneeseen käytökseen taipuvaista ihmistä voisi asua yhdessä ilman, että he lähes tuhoavat toisensa omalla hermostuneisuudellaan? Avioliiton alussa morsian ja sulhanen liitelevät eteenpäin kiihkon ja intohimon tunteiden siivin. Mutta kun nuo tunteet väistämättä jonkin ajan kuluttua hiipuvat, puolisojen todellinen luonne alkaa ilmetä; he rupeavat riitelemään ja illuusiot karisevat.

Sydän vaatii todellista rakkautta, ystävyyttä ja ennen kaikkea rauhaa. Jos antaa tunnekuohujen tuhota sisäisen rauhansa, häpäisee ruumiinsa temppelin. Terve hermosto ylläpitää kaikkia elimiä ja tunteita juuri oikealla tavalla. Ja jotta hermosto säilyisi terveenä, on tärkeä pysytellä loitolla sellaisista tuhoisista tunteista, kuten pelko, viha, ahneus ja mustasukkaisuus.

———

Nämä syövyttävät henkiset loiseläimet kuluttavat ihmisen olemusta. Ne polttavat ja tuhoavat ihmisen suurinta omaisuutta – sisäistä rauhaa.

Älä ole helposti loukkaantuva ja yliherkkä...

Yliherkkyys ilmenee kyvyttömyytenä hallita hermojaan. Kun loukatuksi tulemisen pelko valtaa mielen, hermot nousevat kapinaan. Jotkut reagoivat kihisemällä sisäisesti kiukusta, kun heidän tunteitaan loukataan, mutta he eivät näytä ulospäin lainkaan ärtyneiltä. Toiset taas ilmaisevat tunteitaan selvästi ja välittömästi silmillään ja ilmeillään – ja usein vielä tulikivenkatkuisella sanatulvalla. Molemmissa tapauksissa yliherkkyys saa ihmisen tuntemaan olonsa surkeaksi, ja hänen negatiiviset värähtelynsä vaikuttavat haitallisesti myös muihin. Ihmisen pitäisi pyrkiä toimimaan niin, että hän pystyy aina levittämään ympärilleen hyvyyden ja rauhan auraa. Vaikka joskus voikin olla hyvä syy kiihtyä kaltoin kohtelusta, hän joka sen sijaan hillitsee itsensä tuollaisissa tilanteissa, on itsensä herra.

Kukaan ei saavuta mitään hautomalla hiljaisuudessa kaunaa jostakin havaitsemastaan loukkauksesta. On parempi poistaa sellaisen yliherkkyyden syy itsehallinnan avulla.

Kun jokin vaivaa sinua, piditpä mielipahaasi kuinka perusteltuna tahansa, ymmärrä, että olet antamassa periksi tarpeettomalle yliherkkyydelle, ja että sinun tulee pyrkiä pois sen ikeestä. Yliherkkyys on epähengellistä; se on hermostunut tapa, joka tuhoaa rauhan ja riistää sinulta itsehallinnan ja onnellisuuden. Aina kun tunnet loukkaantumisherkän mielialan valtaavan sydämesi, sen aiheuttama staattinen häiriö estää sinua kuulemasta parantavan rauhan jumalallista laulua, joka soi sielusi radiosta. Pyri aina voittamaan sellainen mieliala alkuunsa.

Jos noudatat järkähtämättä päätöstäsi säilyttää mielenrauhasi tilanteessa kuin tilanteessa, tulet kohoamaan jumalallisuuteen. Perusta sisällesi salainen hiljaisuuden kammio, jonne et päästä tunkeutumaan mielialojen ailahteluja, vaikeuksia, kamppailuja ja ristiriitoja. Pidä sieltä loitolla myös viha, kostonhimo ja mielihalut. Tässä rauhan kammiossa Jumala vierailee luonasi.

Kasvosi heijastavat sisintäsi, ja tunteiden tyyssija eli sydän on noiden heijastusten alkulähde. Kasvojesi tulisi olla kuin innostava saarna. Ilmeesi tulisi olla kuin merkkituli, jota muut voivat seurata – kuin majakka, joka auttaa eksyneitä sieluja löytämään reittinsä rauhan sataman turvaan.

Toistettavia lauseita:

Vakuuta itsellesi päivittäin: "En ole laiska enkä kuumeisen kiireinen. Tulen tekemään parhaani elämän jokaisessa haasteessa enkä aio murehtia tulevaisuutta."

―――

Oivalla, että Taivaallisen Isän ääretön läsnäolo on aina sisimmässäsi. Kerro Hänelle: "En murehdi elämää enkä kuolemaa, en terveyttä, en sairautta, sillä olenhan iankaikkisesti Sinun lapsesi, oi Herra."

LUKU

VI

Viisauden näkökulma, joka johtaa sisäiseen rauhaan

Elämä, sen olemus ja tarkoitus, on vaikea vaan ei mahdoton arvoitus. Edistyksellisellä ajattelullamme ratkaisemme päivittäin joitakin sen salaisuuksia. Modernin aikakautemme tieteellisellä tarkkuudella valmistetut laitteet ovat todella hämmästyttäviä. Luonnontieteiden parissa tehdään yhä enemmän keksintöjä, jotka ansiokkaasti parantavat käsitystämme siitä, miten voimme kohentaa elämänlaatuamme. Kaikista laitteista, strategioista ja keksinnöistä huolimatta vaikuttaa siltä, että olemme edelleen kohtalon armoilla, ja kestää vielä pitkään ennen kuin voimme todella vapautua luonnon vallasta.

Emme millään muotoa voi kutsua vapaudeksi sitä, että olemme jatkuvasti luonnon armoilla. Intomielisyytemme kokee aina karun kolauksen ja muuttuu avuttomuuden tunteeksi, kun joudumme tulvien, tornadojen tai maanjäristyksien uhreiksi, tai kun sairaus tai onnettomuus riistää yllättäen rakkaamme viereltämme. Sellaisilla hetkillä muistamme, ettemme oikeastaan ole saavuttaneet paljoakaan. Vaikka kuinka yrittäisimme muuttaa elämäämme mieleiseksemme, tällä planeetalla on aina olosuhteita – äärettömiä ja meistä riippumattomia, tuntemattoman Älyn ohjaamia – jotka eivät ole meidän hallittavissamme. Voimme parhaimmillaankin vain työskennellä ankarasti saadaksemme aikaan joitakin parannuksia. Niitämme vehnää ja teemme siitä jauhoja, mutta kuka loi alkuperäisen siemenen? Syömme jauhoista tehtyä leipää, mutta kuka mahdollisti sen, että voimme sulattaa ja muuttaa sen elimistömme tarveaineiksi?

Vaikutusmahdollisuuksistamme huolimatta jokaiselle elämänalueelle näyttää jäävän riippuvuutta jostakin Jumalallisesta Tekijästä, jota ilman emme tule toimeen. Kaikkine varmuuksinemmekin meidän täytyy edelleen sopeutua epävarmaan olemassaoloomme. Emme voi tietää, milloin sydämemme pettää. Tästä seuraa, että meidän on tarpeen luottaa pelottomasti todelliseen ja kuolemattomaan Itseemme sekä Korkeimpaan Jumaluuteen, jonka kuvaksi tuo Itse on luotu. Tuo riemastuttava usko ei tunne itsekkyyttä, arkuutta eikä minkäänlaisia pidäkkeitä.

Antaudu pelotta Korkeimman Voiman huomaan. Älä välitä, vaikka tänään päättäisit olla vapaa ja uljas, mutta huomenna sairastut flunssaan ja vajoat kurjuuteen. Pysy lujana! Komenna tietoisuuttasi säilyttämään uskonsa horjumatta. Sairaus ei voi tarttua Itseen.

Älä käyttäydy kuin mateleva kuolevainen. Olet Jumalan lapsi!

Sinut on tehty Hänen kuvakseen. Sinua ei voi vahingoittaa kivillä, pommeilla, konekivääreillä tai atomipommeilla. Muista, että paras suoja on sielusi hiljaisuudessa. Ja jos pystyt kehittämään tuota hiljaisuutta, mikään maailmassa ei voi sinuun koskea. — — Voit seistä järkähtämättä keskellä sortuvien maailmojen rysähdystä.

Sisäinen rauha

Aseta sydämesi Jumalan luo. Mitä kiihkeämmin
etsit rauhaa Hänessä, sitä paremmin saavuttamasi
rauha ahmii kaikki huolesi ja kärsimyksesi.

Katso elämän spektaakkelia kosmisena näytelmänä…

Muinaisen Intian *rishit* tunkeutuivat Olemisen Alkuperäiseen Syyhyn ja julistivat, että – – tämä maailma on Jumalan *lila* eli jumalallinen näytelmä. Vaikuttaa siltä, että Herra haluaa pienten lasten tavoin leikkiä, ja Hänen *lilansa* sisältää loputtoman määrän alituiseen muuttuvia luomuksia. – –

Jumala loi unimaailmankaikkeutemme viihdyttääkseen sekä Itseään että meitä. Vastustan Jumalan *lilaa* ainoastaan yhdessä suhteessa: "Herra, miksi sallit kärsimyksen olla osa näytelmääsi?" Tuska on niin rumaa ja piinaavaa. Olemassaolo ei tuskaisena ole enää viihdyttävää vaan traagista. Tässä vaiheessa pyhimykset tarjoavat apua: he muistuttavat meitä siitä, että Jumala on kaikkivoipa ja että jos hakeudumme Hänen yhteyteensä, Hänen teatterinsa näytelmät eivät enää aiheuta meille kipua. Me itse aiheutamme itsellemme tuskaa, jos rikomme jumalallisia lakeja, joiden varaan Hän on rakentanut koko maailmankaikkeuden. Meidän pelastuksemme on yhtyä Häneen. Ellemme käänny Jumalan puoleen ja opi, että maailma on vain kosmista viihdettä, kärsimyksemme on väistämätön. Vaikuttaa siltä, että kärsimys on välttämätöntä kurinpitoa, jonka avulla meitä muistutetaan etsimään yhteyttä Jumalaan. Silloin voimme nauttia tästä fantastisesta näytelmästä samalla tavoin kuin Hän itse.

⚬

Olet tullut maan päälle viihdyttämään ja tulemaan viihdytetyksi. Sen vuoksi elämän tulisi olla yhdistelmä meditaatiota ja toimintaa. Jos menetät sisäisen tasapainosi, juuri sillä hetkellä altistut maailmalliselle kärsimykselle. – – Herätä mielesi synnynnäinen rohkeus julistamalla: "Mitkään kokemukset eivät voi kajota minuun. Olen aina iloinen."

⚬

Kun katsot elämää kosmisena elokuvana, sen harhainen taika ei enää tehoa sinuun. Voit pysytellä Jumalan autuudessa. – – Hän on jo tehnyt sinusta sen, mitä Hän itse on. Sinä et kuitenkaan tajua sitä, sillä tiedostat vain olevasi ihmisolento, etkä tiedä, että tämä ajatus on harhaa.

Jumalan uneksimaa luomakuntaa ei suunniteltu pelottelemaan sinua vaan saamaan sinut lopulta oivaltamaan, ettei se ole todellinen. Miksi siis pelkäisit mitään? Jeesus sanoi: "Eikö teidän laissanne ole kirjoitettuna: 'Minä sanoin: te olette jumalia.'?" (Joh. 10:34.)

Olet kuolematon ja kykenevä ikuiseen riemuun. Älä koskaan unohda tätä, kun esität kuolevaisen osaasi tässä epävakaassa elämässä. Tämä maailma on vain näyttämö, jossa esiinnyt Jumalallisen Näyttämöjohtajan ohjaamana. Olipa osasi traaginen tai koominen, esitä se hyvin ja pidä aina mielessäsi, että todellinen luontosi on vain ja ainoastaan ikuinen Autuus. Kun nouset kaikkien epävakaiden mielentilojen yläpuolelle, sielustasi kumpuava ilo ei milloinkaan lopu.

Järkkymätön mielentyyneys...

Pyhimykset ovat huomanneet, että onnellisuuden salaisuus piilee kyvyssä säilyttää rikkumaton mielentyyneys maallisista dualismeista huolimatta. Ailahteleva mieli näkee epävakaan luomakunnan ja järkkyy helposti, mutta muuttumaton sielu ja vakaa mieli näkevät sen sijaan muutosten naamioiden takana lymyävän Ikuisen Hengen.

Ihmisen viisauden koetinkivi on hänen mielentyyneytensä. Tajunnan järveen heitettyjen pienten kivien ei pitäisi saada koko järveä myllerryksen valtaan.

Elämä on näytelmä, joten sitä ei kannata ottaa liian vakavasti…

Miksi ottaisit elämän pintapuoliset ilmiöt perin vakavasti? Olipa maallinen osasi mikä tahansa, voit juopua jumalallisen oivalluksen sisäisestä rauhasta.

——◆——

Olipa ihminen sitten kiihtynyt tai tyyni, elämä kulkee omia omituisia polkujaan aina vain. Huolehtiminen, pelot ja rohkeuden menettäminen ainoastaan lisäävät päivittäisten taakkojen painoa, kun taas iloisuus, optimismi ja tahdonvoima tarjoavat ratkaisuja ongelmiin. Paras tapa elää on siis suhtautua elämään kosmisena pelinä, jota voitot ja tappiot väistämättä sävyttävät. Nauti haasteista niin kuin nauttisit niistä urheilussa, äläkä piittaa siitä, oletko juuri sillä kertaa voitokas vai kukistunut.

——◆——

Sinun kannattaa antaa suurin painoarvo sille, että yrität vaalia suhdettasi Jumalaan ja sisäistä onnellisuuttasi päivittäisellä sielun herättävällä meditaatiolla. Kun olet täydellisen tyyneyden tilassa, sieluusi vajonneena, näet Jumalan liikuttelevan koko luomakuntaa. Et näe maailmaa enää vaikeuksien piinaamana painajaisena vaan viihdyttävänä spektaakkelina, josta voi nauttia. Silloin hymyilet olemuksesi sisimmästä ytimestä kumpuavaa hymyä, jota ei voi milloinkaan tuhota.

Kun tunnet Jumalan, voit seistä järkähtämättä keskellä sortuvien maailmojen rysähdystä...

Pidä yhteyttä Jumalaan ja harjoita meditaatiota säännöllisesti, niin voit ulkoisista olosuhteista huolimatta maistaa ilon ja miellyttävyyden viiniä kaiken aikaa. Kun juot sisäisen rauhan nektaria hiljaisen oivalluksesi enkelikäsistä, hukutat arkielämän surut ja murheet.

Jumala on läsnä sisäisen rauhasi valtaistuimella. Kun löydät Hänet ensin sieltä, löydät Hänet kaikesta, mikä elämässä on hyvää ja merkittävää: tosiystävistä, luonnon kauneudesta, hyvistä kirjoista, syvistä ajatuksista ja jaloista pyrkimyksistä. Löytäessäsi Jumalan sisimmästäsi tiedät, että mikä tahansa elämässä antaakin sinulle kestävän rauhan, se julistaa samalla Jumalan ikuista läsnäoloa niin sisäisesti kuin ulkoisestikin. Kun tunnet Jumalan sisäisenä rauhana, oivallat samalla Hänet rauhana, joka vallitsee kaikkeuden universaalissa harmoniassa.

KIRJOITTAJASTA

PARAMAHANSA YOGANANDAA (1893-1952) pide-
tään laajalti oman aikamme yhtenä suurimmista hengellisistä
hahmoista. Hän oli syntynyt Pohjois-Intiassa ja saapui vuonna
1920 Yhdysvaltoihin, jossa hän opetti yli kolmenkymmenen
vuoden ajan Intian ikivanhaa meditaation tiedettä ja tasapai-
noista hengellistä elämää. Tunnustusta saaneessa elämäker-
rassaan, *Autobiography of a Yogi* (*Joogin omaelämäkerta*), sekä
monissa muissa kirjoissaan Paramahansa Yogananda on tu-
tustuttanut miljoonat lukijat idän ikuiseen viisauteen. Hänen
läheisimpiin oppilaisiinsa lukeutuvan Sri Mrinalini Matan oh-
jauksessa hänen hengellinen ja humanitaarinen työnsä jatkuu
kansainvälisessä Sel-Realization Fellowship -järjestössä, jonka
hän perusti 1920 levittämään opetuksiaan maailmanlaajuisesti.

Myös Self-Realization Fellowshipin julkaisema:

JOOGIN OMAELÄMÄKERTA
(Autobiography of a Yogi)

Paramahansa Yogananda

Tämä arvostettu omaelämäkerta on sekä kiehtova kertomus harvinaisesta elämästä että syvällinen ja unohtumaton luotaus ihmisen olemassaolon perimmäisiin mysteereihin. Heti kirjan ilmestyttyä sitä kiitettiin hengellisen kirjallisuuden mestariteoksena, ja se on yhä yksi luetuimpia ja arvostetuimpia kirjoja, joita koskaan on julkaistu idän viisaudesta.

Vangitsevalla suoruudella, kaunopuheisuudella ja älyllä Paramahansa Yogananda kertoo innoittavan elämäntarinansa: merkittävän lapsuutensa kokemukset, nuoruuden aikaiset tapaamisensa monien pyhimysten ja viisaiden kanssa kulkiessaan läpi Intian valaistunutta opettajaa etsimässä, kymmenen vuotta kestäneen koulutuksensa kunnioitetun joogamestarin luostarissa sekä kolmenkymmenen vuoden ajanjakson, jolloin hän eli ja opetti Amerikassa. Hän kertoo tapaamisistaan Mahatma Gandhin, Rabindranath Tagoren, Luther Burbankin, katolisen stigmaatikon Therese Neumanin sekä muiden tunnettujen hengenmiesten ja -naisten kanssa niin idässä kuin lännessäkin. Mukana on myös laaja aineisto, jonka hän lisäsi ensimmäisen, vuonna 1946 ilmestyneen laitoksen jälkeen kertoen elämänsä loppuvuosista.

Joogin omaelämäkerta, jota pidetään nykyajan hengellisenä klassikkona, tarjoaa syvällisen johdatuksen joogan muinaiseen tieteeseen. Kirja on käännetty monille kielille ja sitä käytetään korkeakoulujen ja yliopistojen kursseilla. Kirja on pysyvä best-seller, joka on löytänyt tiensä miljoonien lukijoiden sydämiin ympäri maailman.

"Harvinainen tilitys"　　　　　*–The New York Times*

"Kiehtova ja kokemusaineistoon selkeästi perustuva kertomus"　　　　　*–Newsweek*

"Mitään tällaista joogan esitystä ei ole aikaisemmin ollut englanniksi tai millään muullakaan eurooppalaisella kielellä."　　　　　*–Columbia University Press*

SELF-REALIZATION
FELLOWSHIPIN JULKAISUJA

Saatavana kirjakaupoista tai suoraan kustantajalta:

Self-Realization Fellowship
3880 San Rafael Avenue • Los Angeles, CA 90065-3219, U.S.A.
Puh +1 323 225-2471 • Fax +1 323 225-5088
www.yogananda-srf.org

PARAMAHANSA YOGANANDAN SUOMEKSI KÄÄNNETTYJÄ KIRJOJA

Joogin omaelämäkerta
Saatavana myös Basam Books -kustantamosta
www.basambooks.com

Onnistumisen laki

Paramahansa Yoganandan sanontoja

Sielun pyhäkössä

Vahvistavien parannuslauseiden tiede

PARAMAHANSA YOGANANDAN ENGLANNINKIELISIÄ KIRJOJA

Autobiography of a Yogi

The Second Coming of Christ:
The Resurrection of the Christ Within You
Inspiroitu kommentaari Jeesuksen alkuperäisistä opetuksista.

God Talks with Arjuna: The Bhagavad Gita
Uusi käännös ja kommentaari.

Man's Eternal Quest
Paramahansa Yoganandan koottujen luentojen ja puheiden
ensimmäinen osa.

The Divine Romance
Paramahansa Yoganandan koottujen luentojen, puheiden ja esseiden
toinen osa.

Journey to Self-realization
Paramahansa Yoganandan koottujen luentojen ja puheiden kolmas
osa.

Wine of the Mystic:
The Rubaiyat of Omar Khayyam — A Spiritual Interpretation
Inspiroitu kommentaari, joka tuo päivänvaloon jumalayhteyden
mystisen tieteen Rubaijatin arvoituksellisen kuvaston takaa.

Where There Is Light:
Insight and Inspiration for Meeting Life's Challenges
Innoitusta elämän haasteiden ymmärtävään kohtaamiseen.

Whispers from Eternity
Kokoelma Paramahansa Yoganandan rukouksia ja jumalallisia
kokemuksia korkeissa meditaatiotiloissa.

The Science of Religion

The Yoga of the Bhagavad Gita:
An Introduction to India's Universal Science of God-Realization

The Yoga of Jesus:
Understanding the Hidden Teachings of the Gospels

In the Sanctuary of the Soul:
A Guide to Effective Prayer

Inner Peace:
How to Be Calmly Active and Actively Calm

To Be Victorious in Life

Why God Permits Evil and How to Rise Above It

Living Fearlessly:
Bringing Out Your Inner Soul Strength

How You Can Talk With God

Metaphysical Meditations
Yli kolmesataa hengellisesti kohottavaa meditaatiota, rukousta ja
affirmaatiota.

Scientific Healing Affirmations
Paramahansa Yoganandan perusteellinen selostus vahvistavien
parannuslauseiden tieteestä.

Sayings of Paramahansa Yogananda
Kokoelma Paramahansa Yoganandan lausumia ja viisaita neuvoja,
hänen vilpittömiä ja rakastavia vastauksiaan niille, jotka tulivat
hakemaan häneltä opastusta.

Songs of the Soul
Paramahansa Yoganandan mystistä runoutta.

The Law of Success
Selittää ne dynaamiset periaatteet, joita noudattamalla on
mahdollista saavuttaa tavoitteensa elämässä.

Cosmic Chants
Kuudenkymmenen antaumuksellisen laulun sanat ja melodiat.
Johdannossa Paramahansa Yogananda selittää, miten hengellinen
laulu voi johtaa jumalayhteyteen.

PARAMAHANSA YOGANANDAN ÄÄNITTEITÄ

Beholding the One in All

The Great Light of God

Songs of My Heart

To Make Heaven on Earth

Removing All Sorrow and Suffering

Follow the Path of Christ, Krishna, and the Masters

Awake in the Cosmic Dream

Be a Smile Millionaire

One Life Versus Reincarnation

In the Glory of the Spirit

Self-Realization: The Inner and the Outer Path

MUITA SELF-REALIZATION FELLOWSHIPIN JULKAISUJA

Täydellinen luettelo Self-Realization Fellowshipin julkaisuista sekä ääni- ja videotallenteista on saatavana pyydettäessä.

Swami Sri Yukteswar
The Holy Science

Sri Daya Mata
Only Love:
Living the Spiritual Life in a Changing World

Sri Daya Mata
Finding the Joy Within You:
Personal Counsel for God-Centered Living

Sri Gyanamata
God Alone:
The Life and Letters of a Saint

Sananda Lal Ghosh
"Mejda":
The Family and the Early Life of Paramahansa Yogananda

Self-Realization
Paramahansa Yoganandan vuonna 1925 perustama, neljä kertaa vuodessa ilmestyvä lehti

SELF-REALIZATION FELLOWSHIPIN
OPETUSKIRJEET

Paramahansa Yoganandan opettamia tieteellisiä meditaatiotekniikoita – *kriya*-jooga mukaan lukien – sekä ohjeita tasapainoisen hengellisen elämän kaikille alueille esitetään opetuskirjeissä, Self-Realization Fellowship Lessons. Tarkempaa tietoa löytyy ilmaiseksi saatavasta kirjasesta "Undreamed-of Possibilities", jota on englanniksi, espanjaksi ja saksaksi.